산불에서
코알라를 구하라!

# 산불에서 코알라를 구하라!

초판 1쇄 발행 2024년 6월 1일

글 다미안 하비   그림 알렉스 패터슨
펴낸이 김동호   펴낸곳 키위북스   편집장 김태연   편집 김도연, 박주원   꾸민곳 디자인 su:
주소 경기도 고양시 일산동구 중앙로 1079, 522호   전화 031)976-8235   팩스 0505)976-8234
전자우편 kiwibooks7@gmail.com   출판등록 2010년 2월 8일 제2010-000016호

Global Heroes: Bushfire Rescue
Text by Damian Harvey
Illustrations by Alex Paterson
Text and illustrations copyright © Hodder and Stoughton Ltd, 2022
First published in Great Britain in 2022 by Hodder and Stoughton
Korean edition copyright © Kiwi Books, 2024
All rights reserved.
This Korean edition is published by arrangement with Hodder & Stoughton Limited, on behalf of its publishing imprint Franklin Watts, a division of Hachette Children's Group, through Shinwon Agency Co., Seoul.

이 책의 한국어판 저작권은 신원에이전시를 통해 저작권자와의 독점 계약으로 키위북스에 있습니다.
저작권법에 의해 한국 내에서 보호를 받는 저작물이므로 무단 전재와 무단 복제를 금합니다.

ISBN 979-11-91748-84-0 73840

· 잘못된 책은 바꾸어 드립니다.   · 책값은 뒤표지에 있습니다.

우리는 글로벌 히어로즈 ❶

# 산불에서 코알라를 구하라!

다미안 하비 글 · 알렉스 패터슨 그림 · 김미선 옮김

키위북스

# 글로벌 히어로즈를 만나 보아요

**모** 동물 전문가

**링** 환경 전문가

**키이라** 기술자

**로넌** 수학과 물리 전문가

**페르난다** 의료 지원

글로벌 히어로즈는 전 세계에서 온 어린이들로 구성되었어요. 정체를 알 수 없는 억만장자 메이슨 애시가 모집했지요. 이들의 초특급 비밀 본부인 비하이브에서 어린이들은 자신만의 전문 기술을 활용하여 지구와 지구에서 사는 모든 것의 미래를 지킬 거예요!

## 차례

**새로운 임무** · 11
**오스트레일리아에 도착하다** · 25
**새끼 코알라는 어디에** · 37
**코알라 구출 작전** · 49
**덫을 놓다** · 61
**추격** · 71
**산불은 이제 그만** · 85
**나무를 심다** · 97

**오스트레일리아에 대해 알아보아요** • 110

**오스트레일리아에는 어떤 동물이 살까요?** • 112

**기후 변화가 일으키는 오스트레일리아의 산불** • 114

**우리 함께 지구를 구해요!** • 116

**퀴즈 풀면 나도 글로벌 히어로즈!** • 118

**뜻풀이** • 120

## 새로운 임무

연기가 칙칙한 회색 구름을 만들고 하늘을 뒤덮었어요. 불길이 치솟으며 모조리 집어삼킬 듯 빠르게 번지자 지나가는 길마다 이 나무에서 저 나무로 불꽃이 일었습니다.

글로벌 히어로즈의 초특급 비밀 본부인 비하이브에서 모와 페르난다는 폐허가 된 그 끔찍한 현장을 커다란 텔

레비전 화면으로 지켜보았어요. 두 사람은 하루 종일 꼼짝도 할 수 없었답니다.

페르난다가 고개를 절레절레 흔들었어요.

"여기 가만히 앉아서 화면만 마냥 보고 있자니 내가 쓸모없다고 느껴져."

"우리가 할 수 있는 일이 반드시 있을 거야."

키이라가 기계 장치를 만지작거리며 위쪽을 올려다보

앉어요.

"다윈 교수님이 소방 구조대가 상황을 통제할 때까지 기다리라고 하셨어."

아이들의 눈이 다시 화면으로 향했어요. 거대한 헬리콥터가 활활 타오르는 나무 위를 날아다니며 물을 퍼부었어요. 1만 리터가 넘는 물이 아래에 있는 산불로 떨어지자 수증기가 치익 하는 소리를 내며 커다란 생채기를 남겼어요.

이윽고 텔레비전 화면이 바뀌더니 기자가 농부와 이야기하는 장면이 나왔지요. 농부의 얼굴과 옷은 먼지와 땀으로 얼룩덜룩했어요.

아이들은 산불이 밤새 농부의 집을 어떻게 휩쓸어 버렸는지 들었어요. 다행히 아무도 다치지 않았어요. 하지만 농장에 남은 것이라고는 뒤틀린 금속 더미와 연기가 모락모락 피어오르는 나무뿐이었습니다.

"얼마나 끔찍했을까?"

페르난다가 떨리는 목소리로 말했어요.

"결국 저 농부는 집도 잃고 말았어."

"집을 잃은 이들은 농부뿐만이 아니야."

모가 안타까워하며 말했어요.

"거기 살던 동물들도 모두 보금자리를 잃었어."

그러다 화면이 또다시 바뀌었어요. 사무실에서 어두컴컴한 그림자 속에 앉아 있는 메이슨 애시의 모습이 나타났지요. 메이슨은 환경 재앙으로부터 지구를 구하겠다는 꿈을 꾸는 억만장자예요. 세계 전역에서 어린이 도우미들을 모집하여 자신의 꿈을 이룰 수 있는 글로벌 히어로즈를 조직했답니다.

다섯 명으로 구성된 글로벌 히어로즈는 각각 자기만의 전문 분야가 있어요. 키이라는 기술을 연마하는 데 누구보다도 열성적이고, 로넌은 과학과 수학에 재능이 있어요. 환경을 돌보는 링은 환경 파괴로 피해를 입은 전 세계의 수많은 사람들을 보고 세상을 바꾸겠다고 마음먹었지요. 페르난다의 엄마는 의사이고, 아빠는 수의사예요. 부모님에게서 배운 의학적 지식을 언제든 좋은 일에 쓸 준비가 되어 있답니다. 모는 가장 최근에 비하이브에 들어왔어요. 어려움에 처한 동물을 돕고 싶어 하는 모에게 딱 알맞은 곳이지요.

"모두들 잘 잤니?"

메이슨이 입을 열었어요.

"안녕하세요!"

아이들은 메이슨이 어떤 말을 할지 무척 궁금해하며 대답했어요.

"산불이 일어났다는 뉴스 보셨어요?"

페르난다가 재빨리 물었어요.

"그래서 내가 너희들에게 연락한 거란다."

메이슨이 대답했어요.

"임무다!"

모가 신이 나서 외쳤어요.

메이슨은 모를 이제 막 대원으로 채용한 참이었어요. 모는 당장이라도 임무를 수행하기 위해 출발하겠다는 표정이었어요. 페르난다가 모를 보며 미소를 지었어요. 첫 번째 글로벌 히어로즈의 임무에 참여했을 때 자신이 얼마나 신이 났었는지 떠올랐거든요.

"우리가 어떤 일을 하면 좋을까요? 불 끄는 일을 도와주어야 하나요?"

페르난다가 묻자 메이슨이 대답했어요.

"아니! 그건 전문가들이 할 일이야. 너희들의 임무는 그곳에 남아 있는 야생 동물을 구하고 다른 곳으로 옮겨 주는 일이다."

"좋아요!"

키이라가 자신의 새로운 기기를 흔들었어요.

"이제야 이걸 시험할 수 있겠군. 체온으로

생물의 위치를 추적할 수 있어요. 지하에 있는 동물도 찾아낼 수 있다니까요."

"그것 꽤 유용하겠구나."

메이슨이 말했어요.

"하지만 링과 로넌이 비하이브로 올 때까지 넌 기다리면 좋겠구나. 너희들 중 최소한 한 명은 여기에 남아 상황을 지켜봐야 하니까."

키이라가 한숨을 내쉬며 마지못해 고개를 끄덕였어요.

"걱정하지 마."

페르난다가 말했어요.

"네 위성 추적 장치로 나중에 우리를 따라오면 돼."

키이라가 씩 웃었어요. 기기를 사용할 기회만 있다면 언제든지 좋았지요.

"배낭을 항상 곁에 두어야 한다는 거 잊으면 안 돼. 내가 추적 장치를 그 안에 꿰매어 놓았거든."

키이라가 말했어요.

"한 가지 알아야 할 게 있다. 그곳에 피해를 입은 야생 동물만 있는 것은 아닐 듯하구나. 그러니 항상 침착하게 대응하고 주의를 기울이도록."

메이슨의 말에 모는 어리둥절한 표정을 지었지만 페르난다는 메이슨이 말하는 뜻을 잘 알고 있었어요.

"이블루터스!"

"이블루터스가 뭐야?"

모가 물었어요.

"이블루터스가 누구냐고? 나중에 얘기해 줄게. 다윈 교수님을 더 이상 기다리게 하지 않는 게 좋겠어."

키이라가 대답했어요.

\*\*\*

아이들은 비하이브 한가운데에 있는 승강기를 타고 착륙장으로 올라갔어요. 이곳에서 다윈 교수님과 만나기로

했거든요.

"물이 승강기를 밀어올린다는 게 아직도 믿기지 않아. 물의 힘으로 움직이는 승강기라니!"

모가 말했어요.

"비하이브에 있는 것은 모두 친환경적이야."

키이라가 다시 한번 일깨워 주었어요.

"우리마저 지구를 오염시킨다면 지구를 구하는 글로벌 히어로즈라고 할 수 없지."

승강기 문이 열리자 페르난다가 얼굴을 찡그렸어요.

"오염이라는 말이 나왔으니 말인데 이 끔찍한 냄새는 도대체

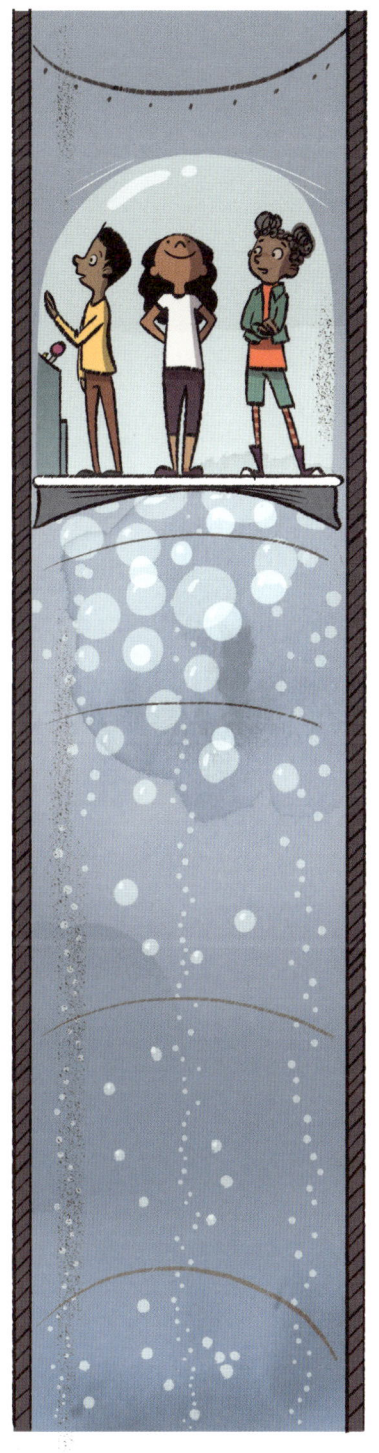

뭐지?"

"나는 아니야."

모가 코를 막았어요.

"저기에서 나오고 있어."

키이라가 위쪽의 단상을 가리켰어요. 그곳에서 다윈 교수님이 커다란 저장 탱크를 들여다보고 있었지요. 다윈 교수님은 건너편으로 발걸음을 옮기는 아이들을 보고 손을 흔들었어요.

"금방 갈게!"

다윈 교수님이 큰 소리로 말했어요.

"이 고약한 냄새는 뭐예요?"

키이라가 물었어요.

"내 최신 발명품."

다윈 교수님이 뿌듯한 표정을 지었어요.

"악취를 발명하셨다고요?"

모가 물었어요.

"유기농 연료를 생산하는 장치야. 음식물 쓰레기를 비롯한 각종 생활 쓰레기를 넣으면 친환경 연료가 나오지. 이 장치를 사용하면 쓰레기를 효율적인 연료로 바꾸어서 에코 부스터를 작동시킬 수 있어."

"와, 굉장해요."

"하지만 냄새가 너무 심한데."

페르난다의 감탄에 모가 한마디했어요.

다윈 교수님이 풀이 죽은 듯 한숨을 쉬다 말했어요.

"아니야! 자연의 냄새야. 너희들의 에코 부스터에 이미 연료를 넣고 준비를 마쳤으니 배낭을 실으렴."

착륙장의 지붕이 열리자 다윈 교수님이 목적지를 설정해 놓았다고 말했어요.

"너희는 그저 편안히 앉아 비행을 즐기면 돼. 키이라와 내가 제어실에서 지켜보고 있을 테니."

페르난다와 모가 에코 부스터의 조종석으로 올라가서 안전벨트를 매고 헬멧을 썼어요.

모가 활짝 웃으며 엄지손가락을 위로 올렸지요.

"좋아, 이제 준비됐어요."

페르난다가 말했어요.

에코 부스터가 조용히 하늘 위로 날아올랐어요. 모는

글로벌 히어로즈의 초특급 비밀 본부 비하이브가 점점 작아지는 모습을 내려다보았어요. 육각형 모양의 본부를 보고 있자니 왜 본부 이름을 비하이브(벌집)라고 지었는지 알겠다는 생각이 들었어요. 정말이지 벌집하고 똑같은 모양이었지요.

"행운을 빈다."

다윈 교수님의 목소리가 헬멧 안에서 울렸어요.

"시간이 많지 않아. 임무를 완수하기까지 48시간이 주어진다."

## 오스트레일리아에 도착하다

페르난다는 까무룩 잠들었다가 헤드셋으로 목소리가 들리자 화들짝 눈을 떴어요.

"안전한 착륙 장소를 정해 두었어."

다윈 교수님이 말했어요.

"너희들은 5분 안에 오스트레일리아의 동해안에 내릴

거다. 준비하도록 해."

"그렇게 오래 걸리지는 않았네요."

페르난다가 하품을 하며 말하자 모가 웃었어요.

"너 정말 오래 잤거든. 깼으면 말해 봐. 이블루터스에 대해 얘기해 준다고 했잖아."

"미안! 난 비행기만 탔다 하면 잠들어 버려."

"세상이 저렇게 난리인데 어떻게 그렇게 쿨쿨 잘 수 있는지 모르겠다."

페르난다의 말에 모가 고개를 절레절레 흔들었어요.

에코 부스터의 엔진에서 나던 희미한 소리가 살짝 바뀌며 지상으로 내려가고 있다는 신호를 보냈어요. 에코 부스터가 내려가는 동안 창밖으로는 아무것도 보이지 않았어요. 짙은 연기만이 주위를 가득 메우고 있었어요.

✳ ✳ ✳

모는 긴장되기 시작했어요. 연기가 자신을 에워싸자 심장이 두근두근 뛰었지요.

"걱정하지 않아도 돼."

페르난다가 안심시켜 주었어요.

"괜찮을 거야."

"우리가 산불에서 얼마나 떨어져 있지?"

모가 물었어요.

"너희들이 있는 곳은 이미 산불이 꺼졌단다."

다윈 교수님의 목소리가 들렸어요.

"하지만 너희들도 보다시피 아직도 연기가 너무 짙으니까 조심해야 할 거야."

모가 고개를 끄덕였어요.

"길 잃은 동물들이 어디에 있는지 알 수 있다면 좋으련만. 빨리 구조해야 하는데."

다윈 교수님이 지면에 가까운 공기가 좀 더 맑을 거라 했는데 그 말이 맞았어요. 에코 부스터가 조용히 땅에 닿자 산불로 폐허가 된 주변이 보이기 시작했어요.

땅에서 올라온 수증기와 연기가 뒤죽박죽되었고 나무

와 덤불 잔해는 온통 검게 그을려 숯이 되고 말았어요. 소방대원들은 호스를 감느라 바빴고, 노란 헬멧은 연기와 검댕 자국으로 얼룩덜룩했지요.

"이런 상황에서 뭐가 살아남을 수 있을까?"

모가 현장의 상황을 보며 안타까워했어요.

페르난다가 에코 부스터에서 나가려는데 다윈 교수님의 목소리가 다시 울렸어요.

"소방관 대장인 스카티 윌슨 씨를 찾아라. 그분이 거기서 너희들이 가야 할 방향을 알려 주실 거다."

"고맙습니다, 교수님."

페르난다가 대답했어요.

"이거 잊으면 안 되지."

모가 페르난다에게 배낭을 건넸어요.

"키이라가 항상 가지고 다니라 했잖아."

페르난다는 배낭을 둘러메고 소방관들이 있는 곳으로 갔어요. 누구에게 말을 걸어야 할지 몰라 서성이는데 저 멀리 어떤 헬멧 뒤편에 스카티라는 이름이 쓰여 있었어요.

페르난다가 다가가자 스카티 대장님이 고개를 돌리고 헬멧의 보호 안경을 위로 올렸어요.

"왔구나."

스카티 대장님이 활짝 미소 지었어요.

"너희들이 타고 온 비행선은 퍽 조용하더구나. 오는지도 모를 정도였어."

"소음 공해도 없고 환경 오염도 일으키지 않죠."

페르난다가 자연스럽게 덧붙였어요.

"100퍼센트 친환경 비행선이랍니다."

"너희와 함께하게 되어 무척 기쁘다. 지금 공원 경비 대원들은 어떤 도움이든 필요한 상태야."

스카티는 모와 페르난다에게 지도를 보여 주며 커다란 십자 모양을 가리켰어요.

"상처 입은 동물을 구해 주는 구조 센터란다. 가장 시급한 문제는 살아 있는 동물들을 모두 찾아내는 일이지."

"최선을 다해 찾을게요."

모가 말했어요.

스카티 대장님은 한때 덤불로 가득했을 오솔길을 가리켰어요.

"저 길로 가면 나머지 수색대와 만날 거야."

페르난다는 감사 인사를 하고 오솔길을 따라 걷기 시작했어요.

모가 배낭을 메느라 낑낑대며 외쳤어요.

"기다려!"

매캐한 연기가 가득했고 발밑의 땅은 따뜻했어요. 산불은 꺼졌지만 주위에서 아직 열기가 느껴졌지요.

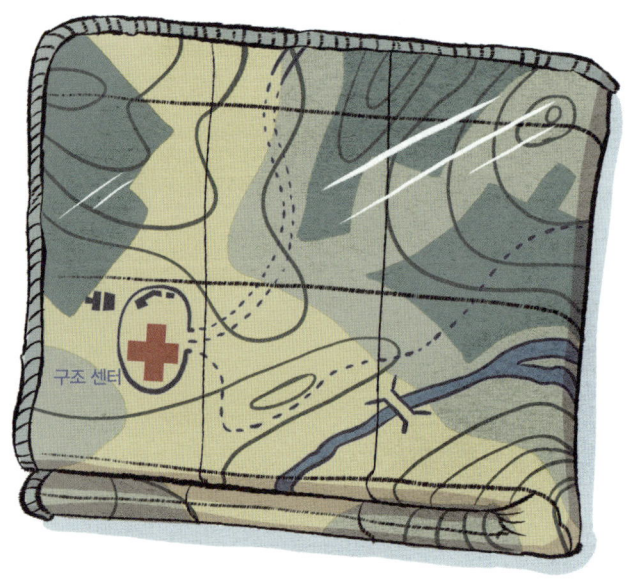

＊＊＊

두 사람은 말없이 불타 버린 나무와 덤불 사이를 조심조심 헤치며 걸었어요. 수색대나 야생 동물의 흔적은 찾아볼 수 없었어요. 마치 다른 세계를 걷는 것 같았어요. 그 어떤 생명체도 존재하지 않는 곳 말이에요.

그러다 별안간 모의 눈에 무언가 들어왔어요.

"잠깐."

모가 조용히 속삭였어요. 움직이는 무언가를 자극하지 않으려는 것 같았어요.

페르난다도 걸음을 멈추고 작은 소리로 물었어요.

"뭔데?"

모가 서서 꼼짝도 하지 않았어요.

"저 위에."

모가 유칼립투스 나무 위를 가리키며 나지막한 목소리로 말했어요. 그을린 나뭇가지 위로 코알라 두 마리가 나무 기둥을 꼭 붙잡고 아이들을 내려다보고 있었어요.

"이제 어떻게 하지?"

페르난다가 속삭였어요.

모는 잠시 생각에 잠겼어요. 코알라는 쉽게 겁을 먹는 동물이에요. 멋대로 다가가서는 안 된다는 사실을 잘 알고 있지만 지금은 위급한 상황이에요. 산불로 코알라의 보금자리가 망가지고 말았어요. 이제 코알라에게는 살 곳

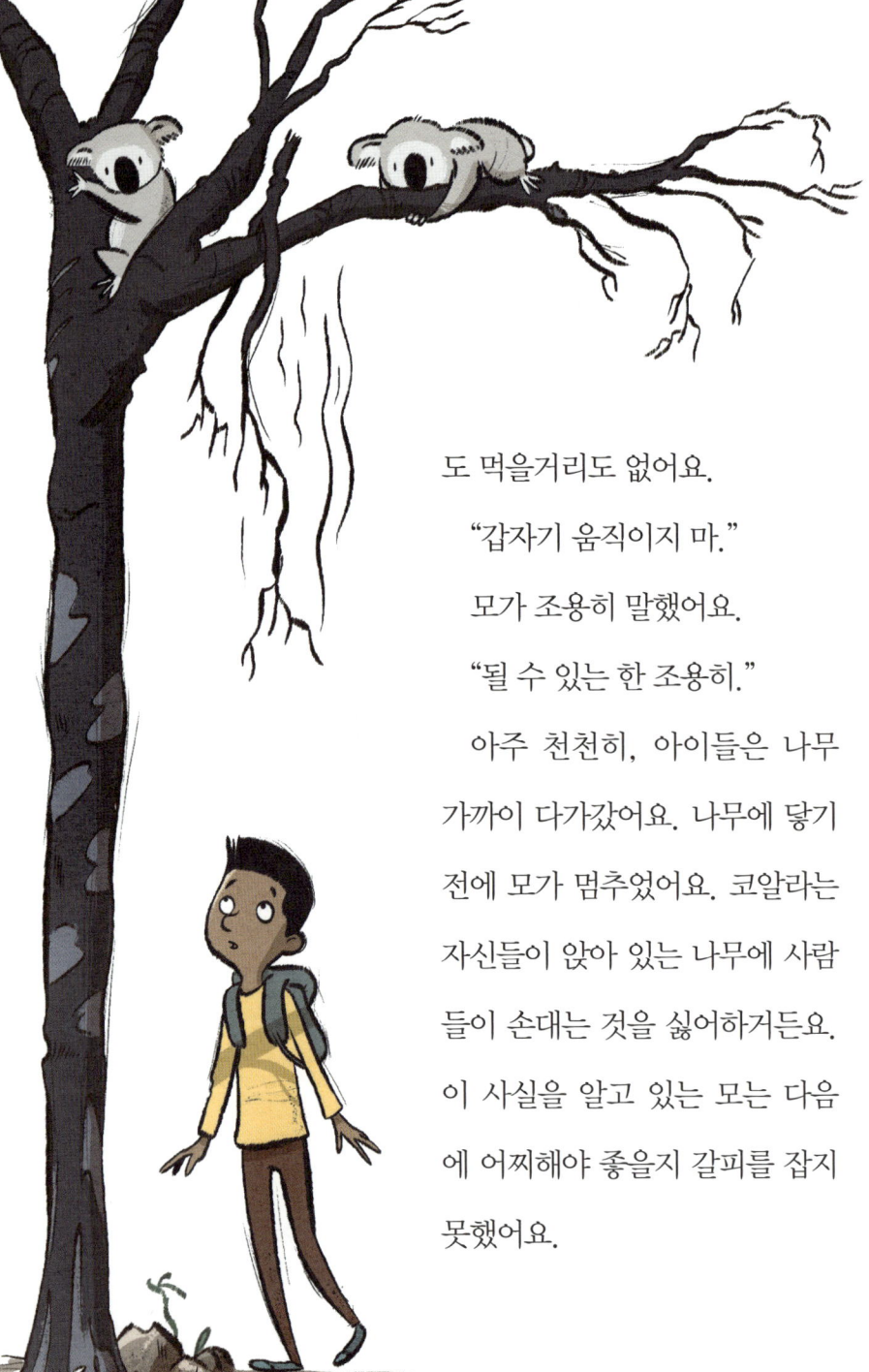

도 먹을거리도 없어요.

"갑자기 움직이지 마."

모가 조용히 말했어요.

"될 수 있는 한 조용히."

아주 천천히, 아이들은 나무 가까이 다가갔어요. 나무에 닿기 전에 모가 멈추었어요. 코알라는 자신들이 앉아 있는 나무에 사람들이 손대는 것을 싫어하거든요. 이 사실을 알고 있는 모는 다음에 어찌해야 좋을지 갈피를 잡지 못했어요.

다행히 코알라 암컷은 어떻게 해야 할지 정확히 알고 있었어요. 나무에서 내려와 아이들에게 다가가 발을 내밀었지요.

페르난다가 쭈그리고 앉자 코알라가 곧장 페르난다에게 안겼어요.

"다행이다. 사람들을 본 적이 있는 것 같아."

모가 말했어요.

모는 더 큰 수컷 코알라가 자신에게 오자 무릎을 꿇고 안아 주었어요.

"우리가 도와주려 한다는 걸 분명히 알고 있어."

페르난다가 말했어요.

"이렇게 일이 잘 풀리다니 믿기지 않아."

모의 말이 끝나기도 전에 페르난다가 작게 헉 소리를 내뱉었어요.

"봐!"

페르난다가 가리키는 쪽으로 고개를 돌리자 더 작은 코

알라가 나무의 더 높은 나뭇가지에서 내려오고 있는 모습이 보였어요.

"새끼가 있었어! 그 생각도 해야 했는데."

모가 당황하며 말했어요.

겁에 질린 새끼 코알라는 모와 페르난다를 보더니 내달리기 시작했어요. 두 사람은 코알라가 연기가 자욱한 숲속으로 사라지는 모습을 그저 바라볼 수밖에 없었어요.

## 새끼 코알라는 어디에

비하이브에 남은 키이라는 가만히 있지 못하고 이리저리 서성였어요. 링과 로넌이 어서 오기를 애타게 기다리고 있었지요. 드디어 링과 로넌이 타고 갔던 에코 부스터가 나타나자 키이라는 모와 페르난다에게 빨리 가고 싶어서 더욱 안달이 났어요. 하지만 다윈 교수님은 차분히 기다리라고 일렀어요.

다원 교수님은 에코 부스터를 다시 출발시키기 전에 안전한지 검사를 해 보아야 한다고 단호히 말했어요.

"그리고 연료도 다시 주입해야 해."

다원 교수님이 차곡차곡 준비를 마치자마자 키이라는 에코 부스터 조종실로 올라가 안전벨트를 맸어요. 그러고는 링과 로넌에게 말했어요.

"미안. 너희들 임무가 어떻게 되었는지 정말 듣고 싶지만 다녀와서 들을게."

키이라는 친구들에게 재빨리 손을 흔들며 인사했어요. 키이라가 탄 에코 부스터가 날아올라 힘차게 출발했어요. 오스트레일리아 동부 해안을 향해 속도를 올리며 남태평양 하늘 위로 날아오르기까지는 그다지 오랜 시간이 걸리지 않았지요.

키이라는 몇 분 간격으로 위성 추적 장치를 확인했어요. 녹색 삼각형 두 개가 페르난다와 모의 위치를 보여 주었지요. 키이라는 친구들과 한시라도 빨리 함께하고 싶은 마음뿐이었어요.

두 사람은 키이라보다 고작 한 시간 남짓 먼저 초특급 비밀 본부 비하이브를 떠났을 뿐이었지만, 키이라에게는 훨씬 더 길게 느껴졌답니다.

＊ ＊ ＊

　모와 페르난다는 각자 코알라를 한 마리씩 꼭 끌어안고 나란히 서 있었어요. 모는 연기가 모락모락 피어오르는 나무들과 잿더미 사이를 뚫어져라 바라보았지요. 혹시 새끼 코알라가 어느 쪽으로 사라졌는지 보이지 않을까 유심히 살폈어요.

　"연기가 너무 자욱해서 앞을 보기 힘들어. 연기가 우리 쪽으로 불어오는 것 같아."

　모가 말했어요.

　페르난다도 고개를 끄덕였어요.

　"눈이 너무 따가워. 우선 코알라 두 마리를 데리고 구조센터로 가는 게 좋겠다."

　"하지만 새끼 코알라 조이만 놔두고 갈 수는 없어."

　모가 완강히 거부했어요.

　"나도 알아. 하지만 우리도 연기 속에서 길을 잃을 위험

이 있다고. 우리 안전도 생각해야 해."

페르난다의 말에 모가 마지못해 동의하며 물었어요.

"그건 그래. 어느 쪽이지?"

"나도 확실히 모르겠어. 모든 게 다 같아 보여."

페르난다의 목소리에 걱정이 가득했어요.

"내가 볼 땐 길이 저쪽으로 이어지는 것 같아."

모가 확신 없는 말투로 말했어요.

그런데 어디선가 웅웅 울리는 목소리가 들려왔어요.

"여보세요! 여보세요!"

목소리가 물었어요.

"모? 페르난다? 거기에 있어?"

"네 무전기야!"

페르난다가 모에게 외쳤어요.

"키이라의 목소리야."

"내 무전기는 배낭에 있어."

모가 뒤로 몸을 돌리자 페르난다는 코알라를 내려놓지 않고도 무전기를 찾을 수 있었어요.

"여기 있다."

페르난다가 엄지손가락으로 '말하기' 단추를 꾹 누르며 말했어요.

"키이라! 너는 어디야?"

"나 이제 막 내렸어."

키이라가 대답했어요.

"내려서 너희들을 만나러 가려고 했지. 그런데 너희들이 내게 오는 게 나을 것 같아."

"좋은 생각이야. 그런데 문제가 하나 있어. 아무래도 우리가 길을 잃어버린 것 같아."

페르난다가 말했어요.

"내 위성 추적 장치로 너희들을 볼 수 있어. 지금 북서쪽으로 가고 있는 것 같은데. 경로를 조금만 바꿔 봐. 나는 너희들이 지금 있는 곳에서 서쪽에 있어."

모가 나침반을 살펴보더니 손가락으로 가리켰어요.

"저쪽이다."

둘은 코알라를 조심조심 안은 채 나무 사이로 출발했어요. 연기는 조금 옅어진 듯 보였지요.

모의 무전기가 치지직 소리를 내다가 다시 작동했어요.

키이라가 제대로 가고 있다고 확인해 주었지요.

"자, 이제 곧 공터 끝이 보일 거야. 그대로 쭉 오면 돼. 나는 그 가운데에 있어."

키이라 말이 맞았어요. 몇 미터 더 갔더니 걷기가 훨씬 수월했어요. 다른 곳과 다르게 나뒹굴던 나뭇가지들과 나무 기둥이 모두 치워져 있었지요. 공기도 더 맑아졌어요. 저 앞에서 키이라가 손을 흔들고 있는 모습이 눈에 띄었어요.

"여기 무슨 일이 있었던 거야?"

모가 깔끔하게 정돈된 땅을 보며 물었어요.

키이라는 소방대가 일주일 전에 이곳에 먼저 불을 피우고 나서 잔해를 치웠다고 알려 주었어요. 산불이 다른 곳으로 퍼지는 것을 막는 방법 중 하나라면서요.

페르난다가 고개를 끄덕였어요.

"나도 들은 적 있어. 산불이 크게 번지지 않게 탈 만한 것들을 미리 없애고 방화대를 만드는 거야."

"알겠다. 불이 여기로 지나가지 못하게 하는 거구나. 태울 게 없으니까 불이 여기를 통과하지 못하는 거네. 그런 곳을 방화대라고 하는 거야?"

"맞아."

키이라가 말했어요.

아이들이 이야기를 나누고 있는 사이, 페르난다가 안고 있던 코알라가 끙끙 앓는 소리를 내기 시작했어요.

"이게 무슨 소리지?"

키이라가 물었어요.

"코알라가 내는 소리야. 지금 겁먹어서 그래."

페르난다가 말했어요.

그러자 수컷 코알라 역시 고개를 뒤로 돌리고는 끙끙대

기 시작했어요.

"코알라들의 어린 새끼가 아직도 연기 속에 있어."

모가 말했어요.

"우리가 구하기도 전에 도망가 버렸어."

"내가 도울 수 있어."

키이라가 신이 나서 말했어요. 그러더니 자신의 배낭에 손을 넣고 비하이브에서 만지작거렸던 새로운 기기를 꺼냈지요.

"이걸 쓰면 새끼 코알라가 지금 어디에서 헤매고 있는지 찾을 수 있을 거야."

키이라가 새 기기를 켜자마자 아주 높은 소리가 삐삑 하고 울리기 시작했어요. 키이라가 소리를 낮추고 화면을 응시했어요. 키이라가 걱정스러운 표정을 지었어요.

"무슨 일이야?"

페르난다가 물었어요.

키이라가 잠시 망설이더니 모두가 볼 수 있도록 기기를 들어올렸어요.

"이게 우리야."

키이라는 화면 아래에 있는 녹색 삼각형 세 개를 가리

키며 말했어요.

모가 얼굴을 찌푸렸어요.

"저 빨간 삼각형 세 개는 뭐지?"

"이블루터스야!"

키이라가 잠시 뜸을 들이더니 설명을 덧붙였어요.

"확실하지는 않지만 수가 엄청 많을 수도 있어. 그리고 우리를 향해 곧장 오고 있어."

## 코알라 구출 작전

"이쪽이야. 얼른 여기를 빠져나가야 해."

페르난다가 다급하게 말했어요.

키이라가 고개를 끄덕이고는 페르난다를 따라 공터를 가로지르기 시작했어요. 하지만 모는 꿈쩍도 않고 코알라를 꼭 껴안은 채 굳어 있었어요. 무언가에 심통이 난 듯한 불만스러운 표정이었지요.

"얼른 와! 거기에 마냥 서 있지 말고!"

페르난다가 재촉했어요.

모가 고개를 흔들었어요.

"안 가! 이블루터스가 도대체 뭔데? 이블루터스가 뭔지 알려 줄 때까지 가지 않을 테야."

페르난다가 깊은 한숨을 내쉬었어요.

"지금은 그럴 시간이 없어."

"지금만큼 좋은 시간이 어디 있어?"

모가 말했어요.

"다윈 교수님이 말씀하셨어. 지금 할 일을 당장 하지 않는다면 또 다른 기회는 없을 거라고."

자신의 말을 이해하지 못한 듯한 모의 표정에 페르난다가 쏘아붙였어요.

"당장 가지 않으면 이블루터스가 여기 코알라들을 잡아가 버릴 거야."

모는 여전히 의문스러운 표정을 지었어요.

"왜 코알라를 잡으려고 하는데?"

"그래야 팔 수 있으니까!"

페르난다가 대답했어요.

"이블루터스는 돈 버는 데에만 관심이 있어. 이런 짓을 하면서도 환경에 얼마나 피해를 주는지는 상관하지 않는다고."

"그렇다면 우리가 행동에 나서야겠군."

모가 결연하게 말했어요.

"네 말이 맞아."

키이라가 맞장구쳤어요.

"하지만 계획을 먼저 세워야 해."

모는 가장 먼저 해야 할 일이 새끼 코알라를 찾는 일이라고 단호하게 말했어요.

"이블루터스의 손에 들어가도록 내버려 둘 수는 없어."

아이들이 이야기를 나누는 사이, 페르난다가 안고 있

## 이블루터스 주요 인물 능력치

**이블루터스 바이커**

| | |
|---|---|
| 속임수: 40 | 지구 오염 수준: 50 |
| 교활함: 40 | 탐욕: 65 |
| 미래 환경 위협: 49 | |

던 암컷 코알라가 마구 꿈틀대기 시작했어요. 페르난다가 열심히 달래 봤지만 소용이 없었어요. 코알라는 어떻게든 빠져나가려고 발버둥 쳤어요. 결국 페르난다 품에서 뛰쳐나간 코알라는 재빠르게 불타고 남은 덤불 속으로 달리기 시작했어요.

수컷 코알라도 우렁찬 소리를 내뱉으며 모의 팔에서 빠져나가 땅으로 떨어졌어요. 그러고는 암컷 코알라 뒤를 쫓아 서둘러 뛰어갔어요. 모는 코알라들이 뛰는 모습을 보고 깜짝 놀랐어요. 코알라는 다리가 짧아서 잘 뛸 수 없는데도 눈 깜짝할 사이에 공터 너머로 사라졌거든요.

"못 가게 막아야 해!"

모가 외쳤어요.

"기다려. 그냥 우리도 조용히 따라가 보자. 아마도 부모 코알라들이라면 새끼 코알라가 어디로 갔는지 알아낼 수 있을 거야."

키이라가 말했어요.

"키이라 말이 맞아. 새끼 코알라가 있는 곳까지 우리를 데려다줄 수도 있어."

페르난다가 거들었어요.

모는 코알라들을 놓치면 다시 찾을 수 없을까 봐 걱정했지만 키이라는 괜찮다고 모를 안심시켰어요. 자신의 새로운 추적 장치로 코알라들이 간 흔적을 따라잡을 수 있으니까 말이에요.

키이라가 화면에 나타난 삼각형을 가리키자 페르난다와 모가 기기 앞으로 모였어요. 이블루터스를 뜻하는 빨간 삼각형이 화면에 나타났지요.

이블루터스는 마음 놓기 힘들 정도로 가까이에 있었지만 그래도 움직이는 것처럼 보이지는 않았어요.

"뭘 하고 있는지 궁금한데."

키이라가 말했어요.

"아마 잠시 쉬고 있을지도 몰라."

모가 추측했어요.

"난 왠지 나쁜 일을 꾸미고 있을 것만 같아."

페르난다가 대답했어요.

화면에는 작은 파란색 삼각형도 보였어요.

"녀석들이야, 코알라 두 마리."

키이라가 화면을 톡톡 두드렸어요.

"그리고 새끼 코알라 조이가 저기에 있네!"

또 다른 파란 삼각형이 나타나자 모가 외쳤어요.

"웜뱃 아니면 새끼 캥거루일

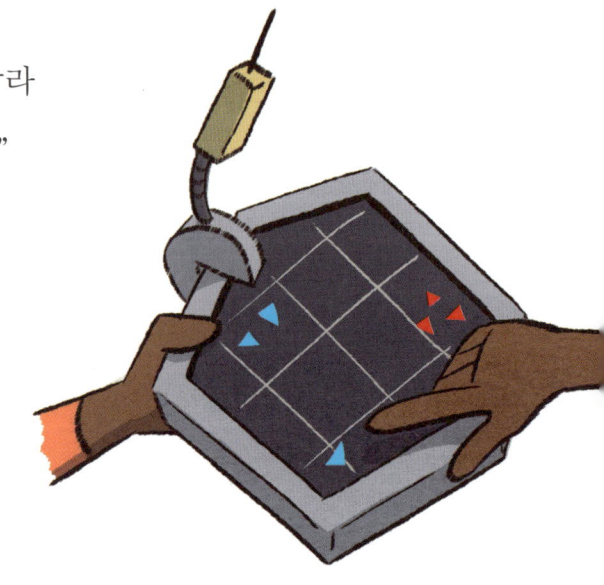

수도 있어."

"아냐!"

모가 소리쳤어요.

"새끼 코알라 조이가 맞아. 내가 안다고!"

하지만 새끼 코알라 조이가 맞다면 더 위험한 상황이에요. 이블루터스가 새끼 코알라에게 점점 가까이 다가가고 있으니까요.

"빨리 가자!"

페르난다가 다급하게 말했어요.

"얼른 코알라를 구해야지."

얼마 가지 않았는데 앞서간 코알라 두 마리가 보였어요. 불타고 남은 나무에 달라붙어서 작게 끙끙대는 소리로 무언가를 부르고 있었지요.

저 멀리에서는 새끼 코알라 조이가 희미하게 울부짖는 소리가 들렸어요. 하지만 새끼 코알라가 우는 소리 말고 다른 소리도 들렸지요.

보드라운 산들바람이 연기 냄새를 싣고 아이들에게 불어왔어요. 그 다음으로는 공기 사이로 디젤유에서 나는 끔찍한 악취가 풍겼어요. 그와 함께 오토바이 엔진 소리가 시끄럽게 들렸어요.

키이라가 추적 장치를 쳐다보더니 앓는 소리를 냈어요.

"이블루터스 중 하나가 이쪽을 향해 오고 있어. 코알라 소리를 들은 게 분명해."

"돌아가는 게 낫겠어."

페르난다가 말했어요.

"아직은 아니야! 봐! 저기에 새끼 코알라가 있잖아."

모가 다급하게 외쳤어요.

고개를 돌리자 새끼 코알라가 불타 버린 땅을 건너 아이들을 향해 다가오는 모습이 보였어요.

부모 코알라도 새끼를 보았어요. 두 마리 모두 서둘러 나무에서 내려와 다시 공터로 향했지요. 하지만 오토바이 소음이 작은 생명체들을 공포로 몰아넣었어요.

엔진 소리가 시시각각 더 커졌어요. 오토바이는 아직 보이지 않았지만 매연이 뿜어내는 연기 기둥과 풀풀 솟아오르는 먼지를 보고 알 수 있었어요. 이블루터스가 아이들이 있는 방향으로 오고 있다는 것을 말이에요.

"새끼 코알라가 무사히 부모에게 간다고 해도 이블루터스가 공터에 도착하면 끝장이야. 이블루터스가 코알라 가족을 잡는 건 일도 아닐걸."

키이라가 말했어요.

"우리가 이블루터스를 막아야 해. 코알라들이 무사히 몸을 피할 때까지 오지 못하게 해야 한다고!"

페르난다가 배낭을 벗으며 말했어요.

"이 안에 우리를 도와줄 무언가가 있을지도 몰라."

## 덫을 놓다

페르난다가 정신없이 배낭을 뒤적이는 사이, 키아라는 계속 망을 보았어요. 멀리서 누군가 오토바이를 타고 다가오는 모습이 흐릿하게 보였어요. 오토바이는 불타 버린 나무와 나뭇가지 사이를 요리조리 헤치며 달려오고 있었어요. 시간이 많지 않았어요.

아이들의 배낭에는 임무에 필요한 것이 다 들어 있어요. 아니, 그래야 했어요. 하지만 페르난다는 지금까지 아무것도 찾지 못했어요. 샌드위치와 물병 한 개, 휴대폰 보조 배터리를 빼고 집히는 것이라고는 비상약뿐이었어요.

"분명히 있어야 하는데!"

페르난다는 붕대 두루마리를 꺼내며 배낭 맨 아래에 뭐가 있는지 보았어요.

"붕대! 붕대를 이용하면 돼!"

모가 외쳤어요.

페르난다가 어리둥절한 표정으로 모를 보았지만, 모가 재빨리 자기 생각을 설명하자 페르난다의 얼굴이 활짝 펴졌어요.

"효과가 있을까?"

페르난다가 물었어요.

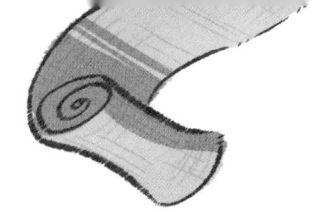

모가 어깨를 으쓱했어요.

"지금은 이 방법밖에 없으니까."

아이들은 단단하게 말린 붕대를 한 움큼 잡고는 공터를 향해 달렸어요. 길 끄트머리에는 다행히도 타다 남은 커다란 나무 두 그루가 서 있었지요. 아이들은 재빨리 붕대를 나무 기둥에 묶었어요. 그러고는 붕대를 풀어 다른 나무 기둥에 이어 묶었지요. 모는 이블루터스가 눈치 채지 못한 채 나무 기둥 사이로 달려오길 바랐어요.

아이들이 몸을 숨기려고 달리는 동안 새끼 코알라도 부모 품에 달려가 안겼어요. 이 모습을 본 모는 코알라들 곁으로 가서 모두 괜찮은지 확인하고 싶었어요. 하지만 이블루터스의 오토바이가 귀청이 터질 듯 시끄러운 소리를 내며 곧장 다가오고 있었지요.

오토바이는 덤불 사이로 맹렬히 속도를 내고 있었어요. 오토바이 바퀴에 끼운 쇠사슬

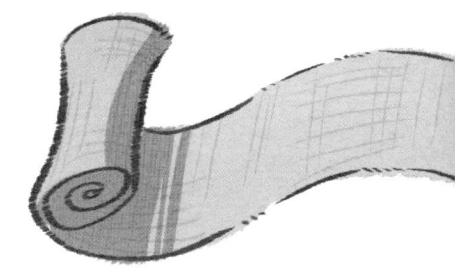

이 땅을 마구 후벼 팠고, 그 바람에 흙이 공중으로 마구 날렸어요. 가죽점퍼를 입은 이블루터스는 커다란 그물을 머리 위로 빙빙 돌리며 히죽히죽 웃었어요. 모는 이블루터스가 저 그물로 동물들을 잡는 거구나 하고 짐작했지요.

마침내 오토바이가 붕대를 묶어 놓은 두 나무 기둥 사

이로 들어서려는 순간이었어요. 아이들은 충돌 직전에 재빨리 몸을 피했어요. 예상대로 이블루터스는 붕대를 보지 못한 채 돌진했어요. 이블루터스의 가슴에 붕대가 걸려 몸이 바닥에 내동댕이쳐졌어요. 깜짝 놀란 이블루터스의 얼굴이 일순간에 일그러졌지요. 오토바이는 저 혼자 몇 미터 더 가다가 커다란 바위와 쾅 부딪혀 부서졌어요.

"사람이 많이 다치지 않았는지 확인해 줘. 나는 오토바이를 살펴볼게. 이런 장면은 난생처음 보네."

키이라가 말했어요.

이블루터스는 바닥에 누워 끙끙거리며 가슴을 문질렀어요. 그러고는 자신을 바라보는 페르난다와 모를 노려보았지요.

"조만간 이 대가를 꼭 치르게 될 거다, 성가신 녀석들. 두고 봐!"

이블루터스가 으르렁거렸어요.

"내가 볼 땐 괜찮은 것 같은데."

모가 말했어요.

"그래, 다른 이블루터스가 더 나오기 전에 얼른 여길 빠져나가자."

오토바이를 살펴보고 온 키이라는 이블루터스의 오토바이가 망가져서 당분간 탈 수 없을 거라고 했어요.

"우리가 도망갈 시간은 충분해. 우선 로넌에게 이 사진들을 보내서 살펴보라고 할게."

키이라가 비하이브에 있는 로넌과 연락하는 사이, 모와

페르난다는 코알라를 찾으러 갔어요.

아이들은 옹기종기 모여 있는 코알라들을 찾아냈어요. 어느새 새끼 코알라는 잠들어 있었지요.

"가능한 한 빨리 구조 센터로 데리고 가야 해."

모가 말했어요.

"스트레스를 많이 받았을 거야. 그러면 생명이 위험할 수도 있어."

\*\*\*

키이라는 위성 추적 장치로 구조 센터를 찾은 후, 공터 반대편 덤불이 있는 곳으로 친구들을 이끌었어요. 모와 페르난다는 코알라들을 데리고 가는 일을 맡았지요. 새끼 코알라는 엄마를 꽉 붙들고 있었어요.

키이라는 걸어가면서 비하이브에 있는 로넌과 연락을 주고받았어요. 모와 페르난다도 로넌이 무엇을 알아냈는지 몹시 궁금해해서 키이라는 모두 들을 수 있게 장치를 스피커 모드로 바꾸었어요.

"인터넷으로 저 오토바이를 검색해 봤는데, 누군가 탄

소를 어마어마하게 배출하는 오토바이를 만들어 팔고 있던 모양이야. 친환경 오토바이보다 연료를 두 배나 더 많이 소비하고 오염 물질을 위험할 정도로 많이 배출한대."

로넌이 말했어요.

"저런 오토바이가 지구 온난화를 일으키는 거야. 불법이라고."

링이 말을 보탰어요.

"사람들이 저 오토바이를 만들거나 파는 걸 막지 못하는 이유가 있을 거야. 내 생각에는 분명 누가 뒤에 있어. 누군지는 쉽게 추측해 볼 수 있지."

로넌이 말했어요.

키이라가 고개를 끄덕이며 대답했어요.

"이블루터스야."

## 추격

 구조 센터에 다다를 때까지만 해도 페르난다와 키이라, 모는 이번 임무가 길고 힘들다는 생각만 들었어요. 그런데 막상 코알라들과 헤어지려니 아쉽고 섭섭했어요. 모와 페르난다는 그새 코알라와 정이 흠뻑 들었는지 코알라를 더 이상 볼 수 없다는 생각만으로 몹시 슬펐답니다.

"걱정하지 말거라."

구조 센터장 구년 박사님이 다정한 말로 아이들을 안심시켜 주었어요.

"이곳은 코알라들에게 가장 안전한 곳이란다. 이제부터 우리가 잘 돌보마."

"물론 저도 알아요. 그냥 저는……."

모는 잠든 코알라가 깰까 봐 조심하면서 수의사에게 건넸어요.

구년 박사님이 미소 지었어요.

"날 믿으렴. 코알라들과 헤어지는 일이 결코 쉽지 않다는 걸 잘 안다. 고생 많았다. 너희들은 지금까지 정말 잘했어."

모도 그제야 미소 지었어요.

"감사합니다, 칭찬해 주셔서."

"코알라들이 어떻게 지내는지 궁금하고 보고 싶을 땐 언제든지 찾아와도 좋아."

구년 박사님이 덧붙였어요.

아이들은 여기서 말을 더 보탤 틈이 없었어요. 갑자기 구조 센터의 문이 벌컥 열리더니 다친 동물들이 줄줄이 들어왔거든요.

"누가 캥거루 좀 봐줄 수 없겠나?"

구년 박사님이 외쳤어요.

모가 앞으로 발걸음을 옮기려는데 페르난다가 모의 팔

을 붙잡고 세웠어요.

"우리는 아니야. 다른 할 일이 있잖아."

"무슨 말이야?"

모가 물었어요.

"로넌에게 연락이 왔어. 우리는 얼른 가서 이블루터스를 막아야 해."

로넌은 글로벌 히어로즈의 수장인 메이슨 애시가 이미 오스트레일리아 당국과 연락을 해 놓았다고 했어요. 경찰은 이블루터스를 체포할 준비가 되어 있지만 그 악당들을 잡아오는 일은 페르난다와 키이라, 모의 몫이었어요.

"우리가 어떻게 하지?"

모가 물었어요.

"내게 좋은 수가 있어."

키이라가 말했어요.

키이라가 이블루터스를 함정으로 몰아넣을 계획을 설명하자 모의 얼굴은 점점 굳어졌어요. 이블루터스의 본진으로 가겠다는 계획은 물론이고, 이블루터스를 쫓아갈 거라는 위험한 작전을 들으니 걱정이 앞섰지요.

"우리를 바로 잡아 버릴 거야. 그 악당들의 오토바이를 따돌릴 수 없다고."

모가 말했어요.

키이라가 걱정 말라는 듯 웃었어요.

"네가 구넌 박사님과 이야기 나누는 동안 우리가 다 준비해 놨지. 그리고 일단 이동해야 해."

"정말? 멋진데! 그런데 뭘 타고 가지?"

모가 말했어요.

"친환경 흙먼지 자전거라는데?"

페르난다가 기대에 가득 찬 표정으로 말했어요.

"네 발 달린 거면 더 좋을 텐데!"

모가 들뜬 목소리로 말했어요.

"어쨌든 우리의 이동 수단은 완전 친환경이래. 얼른 나가자. 밖에서 우리를 기다리고 있어. 나도 아직 못 봤

다고."

페르난다가 대답했어요.

아이들은 구년 박사님께 손을 흔들어 인사하고는 얼른 구조 센터 밖으로 달려 나갔어요.

바닥에 누워 있던 것은 낡은 산악자전거 세 대였어요. 산악자전거는 긁힌 자국이며 움푹 팬 흔적, 말라붙은 진흙으로 뒤덮여 있었지요.

"이블루터스의 오토바이처럼 빠르지는 않겠는걸."

페르난다가 말했어요.

"그래도 환경에 훨씬 좋기는 하겠다."

"그리고,"

키이라가 덧붙였어요.

"우리는 이블루터스가 그 거대한 오토바이로 들어갈 수 없는 오솔길을 이용할 수 있어."

***

산악자전거는 바퀴가 넓은 탓에 흙먼지를 너무 많이 일으켰어요. 페달 밟기도 어려웠고요. 물론 걸어가는 것보다는 빠를 테지만요. 다행히 얼마 안 가 이블루터스의 본진이 보이기 시작했어요.

아이들은 자전거에서 내려 본진이 좀 더 잘 보이는 곳으로 살금살금 다가갔어요. 그러자 위장 그물로 덮인 이블루터스의 오토바이가 보였지요.

"왜 경찰 헬리콥터가 오토바이를 찾느라 그토록 애먹었는지 알겠다."

키이라가 말했어요.

"그래도 저 커다란 트럭은 당연히 보였을 텐데."

"아마 평소에 여기 두지는 않았을 거야."

페르난다가 말했어요.

"뭘 하는지 궁금한데?"

이블루터스는 커다란 상자를 트럭 위에 싣고 있었어요.

페르난다는 휴대폰을 꺼내 좀 더 가까이 다가갔어요.

"동영상으로 찍고 싶어. 증거로 남겨야지."

모는 상자 안에 무엇이 들어 있는지 궁금했어요. 그때

이블루터스 중 하나가 상자를 떨어뜨렸지요. 상자가 쪼개지더니 무언가 튀어나왔어요.

"캥거루야!"

모는 껑충껑충 뛰어가는 캥거루를 보고 깜짝 놀라 소리쳤어요.

키이라는 추적 장치를 쳐다보느라 정신이 없었어요.

"뭐라고?"

"그냥 상자가 아니었어. 동물을 가두는 우리였어."

모가 대답했어요.

갑자기 이블루터스의 본진에서 고함이 터져 나오더니 페르난다가 아이들이 있는 곳으로 헐레벌떡 뛰어오는 것이 보였어요.

"나 들켰어!"

페르난다는 소리를 지르며 돌아와서는 산악자전거에 재빨리 올라탔어요.

모와 키이라도 서둘러 산악자전거에 올라타 페달을 마

구 밟았어요.

"날 따라와!"

앞장선 키이라가 소리쳤어요.

얼마 가지도 못했는데 뒤에서 우레 같은 엔진 소리가 들렸어요.

"이블루터스가 오고 있어!"

"우리가 뭘 어쨌다고 따라오는 건데!"

페르난다가 투덜거렸어요.

"네가 이블루터스가 동물들을 빼돌리는 장면을 휴대폰으로 찍었잖아."

모가 있는 힘껏 페달을 밟으며 대답했지요.

아이들이 자전거를 재빨리 움직이며 떨어진 나뭇가지와 불타 버린 나무 사이를 요리조리 헤치고 지나갔어요. 뒤에서는 오토바이가 굉음을 내며 바짝 따라붙었지요. 키이라의 말이 맞았어요. 오토바이는 좁은 틈새를 빠져나오지 못했어요. 대신 걸리적거리는 것은 무엇이든 부숴 버

렸답니다.

"이러다 잡히겠어!"

모가 소리쳤어요.

"엄마야! 바로 뒤에 있다고!"

키이라도 소리쳤어요.

페르난다는 따라오는 오토바이를 뒤돌아보며 모두 잡히지 않기를 간절히 빌었어요.

그런데 별안간 무언가 날카로운 것이 페르난다의 팔을 찔렀어요. 부러진 나뭇가지였어요. 페르난다는 아파서 비명을 지르며 중심을 잃었어요. 자전거가 이리저리 흔들렸고 페르난다는 넘어지기 직전이었어요.

모는 하도 페달을 밟아서 다리 근육이 불타오르는 것 같았어요. 겁이 나서 페르난다처럼 감히 뒤돌아볼 생각조차 하지 못했지요. 열심히 달리는데 나뭇가지가 시야를 가렸어요. 나뭇가지를 피하느라 고개를 수그렸다가 다시 들어 보니 드넓은 공터로 들어와 있었어요.

앞에는 경찰차가 일렬로 선 채 불빛을 반짝이고 있었어요. 뒤에서는 이블루터스가 끼이익 급하게 멈춰 섰지요.

"우리가 해냈어!"

모가 함박웃음을 지으며 말했어요.

"임무 완료."

하지만 페르난다와 키이라가 고개를 절레절레 흔드는 모습을 보고 웃음은 이내 사라지고 말았어요.

## 산불은 이제 그만

"아직은 아니야."

페르난다가 잠시 뜸을 들이다가 덧붙였어요.

"하지만 오늘은 이걸로 충분해."

한편 비하이브에서는 로넌과 링이 페르난다, 키아라,

모를 보며 무전기로 소식을 전했어요.

"그거 알아? 너희들 오늘 밤에는 농장에 있는 고급 통나무집에서 자게 될 거래."

로넌이 어떻게 된 일인지 설명했어요.

"메이슨이 미리 다 얘기해 놨어."

"하이뷰 농장은 산불이 난 곳에서 멀리 떨어져 있어. 그러니 거기에 있으면 안전해. 그곳에 있는 동안 지역 주민들의 산불 피해 복구 작업을 도우면 돼."

이번엔 링이 신난 목소리로 말해 주었어요.

"그거 진짜 괜찮은데!"

페르난다의 말에 모와 키이라도 고개를 끄덕였어요.

*  *  *

키이라와 모, 페르난다는 농장 바깥쪽에 도착했어요. 그곳은 불꽃이나 거무튀튀한 연기가 보이지 않는 무성한

나무와 덤불 사이에 있었지요.

"하이뷰 농장에 온 걸 환영한다."

마이크 아저씨가 아이들의 손을 잡고 힘차게 흔들며 반갑게 인사했어요.

"나는 마이크이고 여기는 내 아내 멜리사란다."

아이들이 통나무집으로 발걸음을 옮기는 동안, 마이크 아저씨는 아이들의 에코 부스터를 헛간 중 하나에 안전하게 보관하고 있다고 알려 주었어요.

"에코 부스터가 온다는 소식은 들었다. 하지만 조종사도 없는데 저절로 착륙하다니. 직접 봤는데도 믿기지 않고 아직도 이상하지 뭐냐."

"안에 타시면 더 이상할걸요."

키이라가 말했어요.

"하지만 금세 익숙해져요. 다윈 교수님이 비하이브에서 원격으로 조종하시거든요. 에코 부스터가 안전하게 있다니 다행이에요."

아이들은 산불을 일으킨 원인이 무엇인지 알고 싶었어요. 원인만 알아낸다면 앞으로 산불이 일어나지 않도록 막을 수 있을 테니까요. 다행히 통나무집에는 아이들이 쓸 수 있게 인터넷이 연결된 노트북이 있었어요. 벽에는 커다란 오스트레일리아 지도가 걸려 있었어요.

비하이브에서는 글로벌 히어로즈의 환경 전문가인 링

이 검색을 하느라 바빴어요. 링은 숲과 산불에 대해 배운 적이 있었지요. 그중에서도 오스트레일리아에 관해 많이 배웠어요. 링과 로넌은 영상 통화로 무엇을 알아냈는지 말해 주었어요.

"우선, 산불은 대부분 우연히 일어난다는 사실을 알아야 해. 종종 인간이 일으키기도 하지만."

링이 말했어요.

"이를테면 모닥불을 피우거나 바비큐를 하는데 불이 걷잡을 수 없이 커질 때가 있지. 하지만 번개 때문에 일어나는 경우가 더 많아."

"잠시만, 번개가 칠 때에는 비가 내리잖아. 그럼 불이 꺼지는 거 아냐?"

모가 물었어요.

"항상 그렇지는 않아."

링이 대답하고는 어떤 불은 너무 커지고 뜨거워져서 비가 땅에 닿기도 전에 증발시킨다고 설명했어요. 그러면

결국 마른벼락이 되고 말지요. 링은 화재 폭풍에 대해서도 알려 주었어요. 불이 너무나 거세져서 스스로 바람처럼 휘몰아치는 현상을 뜻한다고요.

"그러면 이블루터스가 이번에 일어난 불을 일으킨 게 아니라는 말이야?"

페르난다가 물었어요.

로넌은 불이 어디에서 시작되었는지 정확히 확인할 수 없기 때문에 이블루터스의 소행인지는 확신할 수 없다고 말했어요.

"이블루터스의 책임이 아닐 수도 있지. 하지만 더 큰 문제를 일으킨 것은 맞아. 화석 연료를 태웠잖아."

"맞아, 로넌."

링이 말을 이었어요.

링은 산불이 지구 온난화와 기후 변화 때문에 더 심해지고 있다는 사실을 알아냈어요. 산불이 점점 더 자주 일어날 뿐 아니라 더 오래 태우고 훨씬 더 빨리 퍼지고 있었지요.

"불을 계속 번지도록 하는 게 두 가지 있어."

링이 말했어요.

"열과 연료야."

링은 지구 온난화 때문에 산불이 일어나기 쉬운 날씨가

점점 늘어나고 있다는 사실도 알려 주었어요.

"산불이 일어나기 쉬운 날씨라고?"

키이라가 물었어요.

"말 그대로야. 불이 일어날 위험이 높은 날씨가 있다는 말이지."

링이 대답했어요.

"우선, 대기의 온도가 높아지고 있는데 습도가 낮고 비

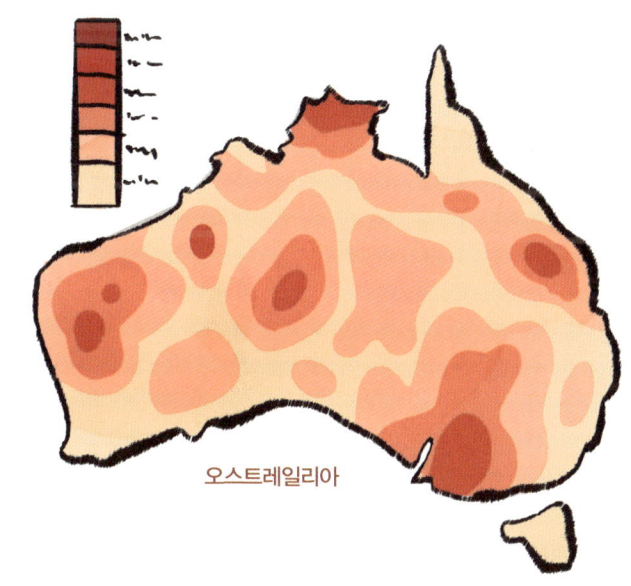

오스트레일리아

가 오지 않으면 식물이 점점 마르게 돼. 마른 풀과 나무, 덤불은 산불이 나면 아주 좋은 연료가 되고 말지. 또 바람이 일정한 방향으로 거세게 불면 산불이 더 빠르게 퍼질 수 있어."

키이라가 걱정스러운 얼굴로 고개를 저었어요.

"그래서 우리가 지구 온난화를 막지 않으면 안 되는 거구나. 불이 일어날 가능성이 더 높아지니까."

"맞아."

링이 대답했어요.

"산불은 오스트레일리아에서 더 흔하게 발생할 수 있어. 전 세계 다른 나라들도 마찬가지이지만."

링의 설명을 듣고 있으니 환경 문제는 다른 여러 문제와 연결된다는 것이 분명했어요. 가뭄이 생기면 산불의 위험이 커지듯, 어느 한쪽의 상황이 나빠지면 줄줄이 나쁜 일이 생길 가능성도 높아질 수밖에요.

모는 임무에 더 많이 나설수록 지구의 문제가 어떻게

서로 엮여 있는지 잘 알 수 있었어요.

"우리가 하는 일이 지구에 어떻게든 도움이 되었으면 좋겠어."

"그게 바로 우리 글로벌 히어로즈가 하는 일이지."

키이라가 말했어요.

"우리는 이 문제들의 원인을 확실히 알아내야 해. 그래야 지구가 더 이상 아프지 않도록 막고 사람들에게도 널리 알릴 수 있지."

"그래, 우리가 먼저 시작하는 거야! 미래에는 더 많은 사람들이 우리를 도와 함께 지구를 지킬 거라고 믿어!"

페르난다가 외쳤어요.

# 나무를 심다

"좋은 아침이야, 잠꾸러기들."

명랑하고 우렁찬 목소리가 들렸어요.

"이제 일어나서 준비할 시간이다."

마이크 아저씨가 문 사이로 고개를 쏙 내밀었어요.

"벌써 시간이 그렇게 됐나요?"

모가 잠이 덜 깬 눈을 비비며 웅얼거렸어요.

멜리사 아줌마는 웃으며 말했어요.

"해야 할 일이 산더미란다. 아침 일찍 서둘러야 해. 준비됐니? 이제 일을 하러 가야지."

아이들이 준비를 마치고 트럭 뒤에 올라타자 멜리사 아줌마는 오늘 계획한 일을 알려 주었어요.

몇 킬로미터 떨어진 곳에도 1년 전에 대형 산불로 인해 심각하게 불타 버린 땅이 있다고 했어요. 현재는 땅을 복구하기 위해 지역 자원봉사자들이 그곳에 새 나무를 심고 있다고요.

"어떻게 되어 가고 있는지 너희들이 궁금해할 것 같아서 같이 가 보려고 해."

멜리사 아줌마가 말했어요.

얼마 지나지 않아 어린 나무들이 자라고 있는 땅이 보였어요. 땅이 시커멓게 불타 버렸을 거라 예상했지만 막상 와서 보니 무척이나 놀라웠어요. 듬성듬성 흩어져 있

긴 해도 나무와 덤불이 있고, 아직 피해의 흔적이 남아 있지만 땅도 푸릇푸릇했거든요. 그리고 여기저기에서 자원봉사자들이 땅을 파고 묘목을 운반해 심고 있었어요. 모두들 구슬땀을 흘리고 있었지요.

"불이 얼마나 심각하게 나는지에 따라 다르지만 땅속 씨앗과 뿌리는 산불이 나도 살아남을 수 있단다."

마이크 아저씨가 설명해 주었어요.

"그 말은 풀과 나무가 다시 빨리 자라날 수 있다는 뜻이야. 유칼립투스 같은 나무는 다른 것들에 비해 조금 시간이 걸리지만 말이다."

"하지만 유칼립투스는 야생 동물에게 무척 중요한 나무잖아요!"

모가 안타까워하며 물었어요.

"날다람쥐나 코알라는 유칼립투스가 없으면 안 돼요. 유칼립투스는 보금자리가 되어 주기도 하지만 많은 동물들의 먹이이기도 하잖아요. 나뭇잎만 먹는 게 아니라

날다람쥐는 수액까지도 마셔요."

"네 말이 맞다."

멜리사 아줌마가 맞장구쳤어요.

"나무가 없으면 날다람쥐와 코알라 모두 죽고 말 거야."

"그럼 우리가 어떻게 해야 하죠?"

페르난다가 물었어요.

"땅속 씨앗이나 뿌리가 자라기를 기다리는 대신 유칼립투스 나무를 심는다면 시간을 아낄 수 있지."

마이크 아저씨는 따라오라고 손짓한 뒤 커다란 천막으로 아이들을 데리고 갔어요.

안에 들어가 보니 나무로 만든 탁자가 있었어요. 그 위에는 묘목이 든 작은 화분으로 가득했어요.

"이 묘목들은 모두 바로 여기에서 자란 씨앗에서 나왔단다. 그러니 다시 집으로 돌아가는 셈이지."

묘목 심는 법을 배운 아이들은 한 시간 동안 작은 구멍을 파고 나무를 심었어요.

"우아, 등이 너무 아파."

키이라가 투덜거렸어요.

"나도 그래."

모가 말했어요.

"그래도 생각해 봐. 이곳에 살았던 숲과 생명체들을 위한 거잖아. 네가 심은 나무 하나하나가 첫걸음이 되어 다시 살아나는 거라고."

하이뷰 농장으로 돌아갈 시간이 되었을 즈음 마이크 아저씨가 생각지도 못한 기쁜 제안을 했어요. 코알라 가족을 맡긴 구조 센터에 잠시 들를 수 있는데 가겠냐는 것이었어요.

구넌 박사님은 구조 센터에 온 아이들을 보고 반가워했어요. 새끼 코알라 조이도 페르난다와 모를 보자마자 기뻐하는 표정을 지었지요. 그러고는 신이 난 듯 끽끽 소리를 내며 아이들을 향해 팔을 내밀었어요.

"정말 놀라운걸."

수의사가 말했어요.

"녀석이 너희들을 진짜로 신뢰하는 모양이다. 전혀 경계하지 않는구나."

아이들은 코알라가 잘 지내고 있으며 곧 새로운 집으로 갈 준비를 마쳤다는 말을 듣고 매우 기뻐했어요. 하지만 이제 페르난다와 키이라, 모 역시 비하이브로 돌아갈 시간이었지요.

아이들은 아쉽지만 구년 박사님과 코알라 가족에게 작별 인사를 했어요. 때마침 밖에는 에코 부스터가 착륙하고 있었어요.

"다윈 교수님은 여기로 너희들을 데리러 오는 편이 더 빠르다고 생각하셨단다."

마이크 아저씨가 말했어요.

"그리고 시간이 얼마 남지 않았다든가 그런 얘기를 하셨는데……."

"48시간!"

키이라가 외쳤어요.

"48시간 안에 임무를 끝마쳐야 해요."

모가 얼굴을 찡그렸어요.

"시간을 못 지키면?"

페르난다와 키이라가 마주 보며 어깨를 으쓱했어요.

"우리도 몰라. 그리고 별로 알고 싶지 않아."

"흠, 그렇다면 뭘 망설이고 있어?"

모가 에코 부스터로 달려갔어요.

"가자."

***

비하이브에서는 다윈 교수님과 로넌, 그리고 링이 에코 부스터 두 대가 내리기를 기다리고 있었어요. 벽에 붙은 커다란 화면에는 메이슨 애시가 모든 상황을 내려다보고 있는 모습이 보였지요.

"모두들 잘했다."

메이슨이 말했어요.

"특히 너 말이다, 모. 첫 임무를 완료했는데 기분이 어떤가?"

모는 밝은 표정을 지어 보이려 했지만, 왠지 모르게 억지웃음을 짓는 기분이 들었어요. 처음 나간 임무에서 자신이 도움이 된 건지 확신이 들지 않았거든요.

"좋았어요, 좋았던 것 같아요."

메이슨이 이맛살을 찌푸렸어요.

"그냥 좋았던 것 같다고? 너희가 엄청난 성공을 거두었다고 들었는데?"

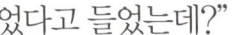

"엄청나다고 하기에는…… 코알라 가족 하나 구한 게 전부인걸요. 좀 더 이 일에 능숙했다면 그보다 훨씬 더 많이 구조할 수 있었을 거예요."

모가 힘없이 대답했어요.

모의 대답을 듣고 메이슨이 빙그레 미소를 지었어요. 그러고는 시무룩해진 모를 위로했어요.

"그렇게 생각하니? 아니란다. 너는 그보다 더 많은 동물들을 구했다. 이블루터스를 막지 않았니? 게다가 숲이 다시 원래의 모습으로 돌아갈 수 있도록 도왔고 말이야. 그게 네가 수많은 동물을 구해 냈다는 결정적 증거지."

"네가 이블루터스를 막지 않았다면, 수많은 다른 동물들이 잡혀서 팔려 갔을 거야."

다윈 교수님이 거들었어요.

메이슨 애시와 다윈 교수님이 한 말은 한 치도 틀림이 없었어요. 아이들은 수많은 생명을 구했고, 모두가 원래의 삶을 되찾을 수 있도록 도왔지요.

하지만 여전히 모는 마음 한구석이 편하지 않았어요. 무엇 때문에 마음이 이리도 불편한지 딱 집어서 말할 수 없었어요.

그러다 문득 깨달았어요. 벽에 걸린 타이머가 여전히 똑딱거리고 있었지요.

"하지만…… 우리가 임무를 성공하면 타이머가 멈추는 거 아니었어요? 성공을 거두었는데도 왜 타이머가 아직도 가고 있는 거죠?"

모두들 커다란 시계를 바라보았어요. 초침이 똑딱똑딱 초를 세고 있었어요.

메이슨 애시가 한숨을 내쉬었어요.

"저건 그냥 시계야. 세상의 시계는 절대 멈추지 않는다. 지금 이 순간에도 어딘가에서는 재해가 일어나고 많은 생명이 고통받고 있어. 그렇기에 너희에게는 언제나 또 다른 임무가 있지. 이 다음 임무야말로 글로벌 히어로즈, 너희들에게 가장 어렵지 않을까 생각한다."

아이들은 모두 서로를 쳐다보았어요. 그러고는 약속이라도 한듯 커다란 화면 앞에 모여 메이슨 애시가 무슨 말을 할까 귀를 기울였지요.

# 오스트레일리아에 대해 알아보아요

- 오스트레일리아는 인도양과 태평양 사이에 있는 거대한 섬나라예요. 세계에서 여섯 번째로 국가 면적이 크지요.

- 수도는 캔버라이며 가장 큰 도시는 오스트레일리아 동부에 있는 시드니예요.

- 지역 대부분이 사막이기 때문에 사람들은 주로 서부 지역에 살고 있으며 인구 밀도는 매우 낮은 편이지요.

- 오스트레일리아는 대륙의 약 3분의 1이 사막이지만, 고산 지대부터 열대 우림에 이르기까지 다양한 종류의 자연 환경을 가지고 있답니다. 이렇게 다양한 자연 환경과 지리적 특징, 섬나라로 오랫동안 고립되었던 역사 때문에 전 세계를 통틀어 이곳에서만 사는 생물들이 많아요.

- 지구에서 가장 큰 산호초 지대인 그레이트배리어리프가 있어요. 총 면적이 우리 한반도의 크기와 비슷한데, 최근에는 지구 온난화로 바다 수온이 상승하여 북쪽의 산호초가 일부분 사라졌다고 해요.

# 오스트레일리아에는 어떤 동물이 살까요?

오스트레일리아에는 매우 다양한 식물과 동물이 살고 있어요. 그중에서도 코알라와 캥거루는 오스트레일리아의 토착 동물 중 가장 유명하지요. 함께 알아볼까요?

### 코알라는 어떤 동물일까요?

- 곰처럼 생겼지만 포유류 중 한 종류인 유대류예요. 새끼 코알라는 엄마의 배에 있는 주머니 속에서 젖을 먹으며 자라요.

- 주로 영양소가 낮고 소화하기 힘든 유칼립투스 나뭇잎을 먹기 때문에 에너지를 보존하기 위해 하루에 20시간까지 잠을 자요. 그리고 물을 잘 먹지 않아서 원주민 언어로 '굴라(Gula : 물을 안 먹는다)'라는 이름까지 붙었을 정도랍니다.

- 대부분 독자적으로 생활하며, 여름에는 나무를 껴안고 시원하게 보내요.

- 새끼 코알라와 새끼 캥거루를 오스트레일리아에서는 '조이'라고 불러요.

## 캥거루는 어떤 동물일까요?

- 캥거루는 지구에서 가장 큰 유대류 동물로, 커다란 뒷다리와 강력한 꼬리를 이용해 약 시속 56킬로미터로 뛸 수 있어요. 종에 따라서는 한 번 뛰어오르면 8미터까지 이동할 수 있다고 해요.

- 캥거루는 주로 풀과 나뭇잎, 작은 나무를 먹어요.

- 캥거루는 코알라와 달리 사회적 동물로 '몹(Mob)'이라 불리는 집단 형태로 모여 살아요. 코 만지기, 뒷발 구르기, 으르렁대기 등 다양한 방식으로 의사소통하지요.

- 캥거루는 발이 길고 꼬리가 커서 걷거나 뒤로 뛰지는 못해요. 하지만 이 튼튼한 꼬리는 다른 캥거루와 '권투'를 할 때 다리로 바뀌어요. 상대를 차기 위해 두 발을 모두 들어올릴 때 꼬리는 캥거루의 몸무게를 지탱해요. 서식지에 따라 수영을 무척 잘하는 캥거루도 있어요.

# 기후 변화가 일으키는 오스트레일리아의 산불

날씨가 너무 덥고 건조하면 땅에 수분이 없어지기 때문에 불이 붙기 쉬워요. 바람이 불면 산소가 공급되어 불이 더 크게 번지고 바람의 방향 또한 지속적으로 바뀌게 되어 불은 더 넓은 곳으로 퍼져나갑니다.

### 산불의 원인은 무엇일까요?

2020년, 오스트레일리아에 일어난 거대 산불의 주된 원인이 지구 온난화에 따른 기후 변화라는 분석이 나왔어요. 예전에는 번개나 방화 등으로 일어난 산불이 비가 내리면서 자연적으로 진화되는 경우가 많았어요. 하지만 기후 변화로 가뭄이 심해지면서 상황이 달라졌지요. 기후 변화는 해수면 온도차를 심하게 만들었어요. 해수면 온도가 상승한 동아프리카 지역은 폭우가 내린 반면, 상대적으로 해수면 온도가 낮은 오스트레일리아에는 비가 덜 내려 가뭄을 겪게 되면서 산불이 이전보다 더 확산되었다고 해요.

## 산불이 환경에게 미치는 영향

산불은 긍정적인 영향을 끼치기도 해요. 유칼립투스와 같은 나무들은 불의 열기가 느껴질 때에만 씨앗을 퍼뜨려요. 또한 불타고 남은 재는 식물이 자라는 데 필요한 비료 역할을 하기도 하지요. 이렇게 영양분을 섭취하고 자란 식물은 동물들에게 훌륭한 먹이가 되어 주고 쉼터와 보금자리가 되어요.

그러나 우리가 통제할 수 없는 규모의 대형 산불이 장기간 이어지면 동식물의 서식지가 사라지고 재와 연기로 대기가 오염돼요. 숲을 태우며 방출된 많은 양의 이산화탄소와 온실 가스는 기후 변화의 원인이 되지요. 또한 토양을 보호하는 나무가 사라지면 비가 조금만 와도 산사태, 홍수와 같은 재해가 발생한답니다.

## 우리 함께 지구를 구해요!

세계는 급격한 기후 변화로 몸살을 앓고 있어요. 하지만 아직 늦지 않았어요. 씩씩하게 임무에 나서는 글로벌 히어로즈와 함께 작은 한 걸음으로 큰 변화를 일으켜 보아요.

'기후 행동'을 알고 있나요? 기후 행동이란 기후 변화를 해결하기 위해 개인, 산업, 정부 및 지역 사회가 취하는 모든 노력과 계획을 가리키는 말이에요. 기후 변화는 화석 연료 사용, 삼림 파괴, 온실 가스 배출 등 인간의 활동으로 발생하는 것들에 의해 일어나요. 그렇기 때문에 전 세계는 기후 변화의 피해를 줄이기 위해 연간 기온 상승을 1.5도 이내로 막자고 약속했어요. 기후 행동을 실천하기 위해 우리가 할 수 있는 일에는 어떤 것들이 있을까요?

### ❶ 집에서 에너지 절약하기

과도한 난방 및 냉방 기구 사용을 자제합니다. 전기 용품의 경우 에너지 효율이 높은 제품으로 바꾸어요.

### ❷ 대중 교통 수단 이용하기

차를 타는 대신 걷거나 자전거를 타면 온실가스 배출을 줄일 수 있습니다. 장거리는 기차, 버스 등의 대중 교통을 이용해요.

### ❸ 여행 줄이기

비행기를 운행하는 데는 엄청난 화석 연료가 필요합니다. 장거리 여행을 줄이는 것은 온실가스 절감에 크게 기여해요.

### ❹ 음식 덜 버리기

식재료는 재배, 생산, 포장 및 운송하는 데 많은 자원과 에너지가 사용됩니다. 또한 음식물 쓰레기가 매립지에서 썩을 때 강력한 온실가스인 메탄이 나오지요. 음식은 필요한 만큼만 사고 먹을 만큼만 만들어요.

### ❺ 재사용, 재활용, 수리하기

우리가 구매하는 모든 제품은 원자재 추출에서 제조 및 시장 운송에 이르기까지 각 과정에서 온실가스를 배출합니다. 소비를 줄이고, 중고 물품을 구입하고, 가능한 한 수리하고, 재활용해 보아요.

## 퀴즈 풀면 나도 글로벌 히어로즈!

글로벌 히어로즈의 활약을 지켜보았나요? 그렇다면 기억을 되살려 아래의 퀴즈를 풀어 보아요!

1) 오스트레일리아에서는 새끼 코알라를 어떻게 부르나요?

2) 코알라는 무엇을 먹나요?

3) 산불이 일어나는 원인은 무엇일까요?

4) 방화대가 무엇일까요?

5) 코알라 외에 어떤 동물이 구조 센터로 왔나요?

6) 어떤 생명체가 유칼립투스 나무에 살까요?

7) 기후 변화를 막기 위해 글로벌 히어로즈는 어떤 활동을 하나요?

답 1) 호이 2) 유칼립투스 나무임 3) 딩고 강아지 부녀 등 4) 퍼지는 불을 막는 것 5) 왈라비 6) 코알라와 다른 다람쥐 7) 캠페인 나라 단기

# 뜻풀이

### 검댕
불에 탈 때 나오는 연기나 그을음이 엉겨서 생기는 검은 물질.

### 공터
집이나 밭 따위가 아무것도 없는 텅 비어 있는 땅.

### 나침반
방향을 가리키도록 만든 도구로, 판에는 동서남북이 90도씩 나뉘어 있고 자유롭게 회전하는 자침을 통해 방향을 알 수 있다.

### 방화대
불이 번지는 것을 막기 위하여 불에 탈 만한 것을 없애고 어느 정도의 넓이로 둔 빈 지대.

### 본부
어떤 단체나 기관에서 중심이 되는 조직이나 그 조직이 있는 곳.

### 야생
산이나 들과 같은 자연에서 사람 손이 닿지 않고 저절로 나고 자라는 것을 말한다.

### 위성 추적 장치
위성으로 물체의 위치나 움직임을 파악하여 쫓을

수 있도록 만든 장치.

### 웜뱃
오소리와 비슷하게 생긴 동물로 꼬리와 귀는 짧고 배에 새끼주머니가 있다. 오스트레일리아에 서식한다.

### 유대류
주머니에 새끼를 넣고 다니는 포유류.

### 유칼립투스
오스트레일리아에 분포해 있는 식물로 주로 지중해성 기후와 열대 기후에서 많이 자란다.

### 재
어떤 것이 불에 타고 나서 남은 가루.

### 조이
오스트레일리아에서 새끼 코알라나 새끼 캥거루를 일컫는 말.

### 조종석
비행기나 배 등에서 조종사가 앉는 자리.

### 폐허
건물이나 도로 등이 파괴되어서 못 쓰게 된 터.